DISCOURS

PRONONCÉ

DANS L'ÉGLISE DE SAINTE-MADELEINE A PARIS

le 11 Janvier 1886

PAR MONSEIGNEUR BÉCEL

Évêque de Vannes

AU MARIAGE

du Comte LOUIS D'HARCOURT

ET DE

Mademoiselle MARIE LANJUINAIS

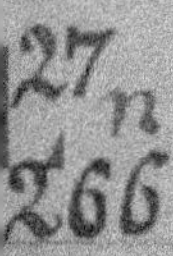

DISCOURS

PRONONCÉ

DANS L'ÉGLISE DE SAINTE-MADELEINE A PARIS

le 11 Janvier 1886

PAR MONSEIGNEUR BÉCEL

Évêque de Vannes

AU MARIAGE

du Comte Louis D'HARCOURT

ET DE

Mademoiselle MARIE LANJUINAIS

Monsieur,

Mademoiselle,

Si la naissance, la fortune, les plus belles alliances, le mérite personnel, suffisaient pour assurer le bonheur de deux jeunes époux, nous n'aurions nulle inquiétude à concevoir sur votre avenir.

L'éducation que vous avez reçue, les exemples dont vous avez profité, les dispositions que vous avez prises pour accomplir dignement cet acte décisif dans votre vie, me dispensent de vous offrir les conseils la plupart du temps nécessaires en pareille rencontre. Parlons plutôt de l'excellence du mariage chrétien. Tertullien s'exprime ainsi en cette grave matière : « L'Eglise en dresse le contrat ; l'oblation divine le confirme ; la bénédiction pastorale y met le sceau ; les anges, qui en sont les témoins, l'enregistrent ; le Père céleste le ratifie. » A quelle hauteur surnaturelle nous voilà de prime abord transportés, au souffle de ce puissant génie ! C'est le cas de dire : « Hors de l'Eglise, point de salut, » attendu que, sans le sacrement, il n'y a pas de mariage pour un chrétien. Or, dans l'Eglise, tout se fait par la médiation de Jésus-Christ, *Per Dominum Nostrum Jesum Christum*. Mais Jésus-Christ a son représentant officiel, le prêtre, son fondé de pouvoir, son ambassadeur accrédité

auprès des hommes. D'autres intermé-
diaires invisibles, les anges, lui servent
aussi d'auxiliaires dans ce ministère de
sanctification. Leurs messages sont autant
de dons gratuits. Par tous ces moyens
providentiels, les époux arrivent à faire la
volonté du Père céleste, qui, après avoir
ratifié leurs engagements, encourage leurs
efforts et leur procure, par des grâces
d'état, le salut éternel.

Oh ! l'admirable doctrine ! La conso-
lante assurance ! Qu'elle est donc efficace
l'intervention de l'Eglise catholique, qui
bénit et protège les époux chrétiens !

Saint Paul avait raison de dire : « Ce
sacrement est grand, en Jésus-Christ et en
l'Eglise. » En effet, de même que l'homme
quitte son père et sa mère pour s'attacher
à sa femme, et qu'il lui reste uni toute sa
vie ; ainsi le Fils de Dieu descendit du
ciel pour épouser l'Eglise et demeurer

avec elle jusqu'à la consommation des siècles. Le mariage de Jésus-Christ et de l'Eglise est le type du mariage chrétien. C'est ainsi que se trouvent sauvegardés des intérêts sacrés, qui n'ont pas les limites de l'espace et du temps.

Nous le savons, Monsieur et Mademoiselle, vous avez été l'objet des attentions les plus délicates. Cependant les calculs humains, les précautions légitimes, les formalités légales qui ont précédé cette cérémonie religieuse, ne pouvaient contenter vos désirs et mettre en paix vos consciences. Vous appeliez de toute la vivacité de votre foi la bénédiction nuptiale. Que je suis heureux de vous procurer cette dot spirituelle, préférable à toutes les richesses de ce monde! Du fond de sa prison, l'auguste captif du Vatican a daigné vous envoyer la bénédiction apostolique. Cette faveur insigne, à laquelle vous atta-

chez tant de prix, est pour vous un nou-
veau gage de félicité.

Ayez donc confiance ! Il vous appartient
de vous écrier avec le roi prophète : « Que
Dieu est bon envers ceux qui ont le cœur
droit ! » Il n'a pas accordé à tous les
mêmes privilèges. Vous voudrez recon-
naître les bienfaits innombrables dont le
ciel et la terre vous ont comblés. Que de
beaux modèles vous avez eus sous les
yeux au sein de vos nobles familles ! Vous
avez entrepris de les copier fidèlement.
Après y avoir travaillé séparément, vous
achèverez ensemble ce tableau d'intérieur,
où viendront se grouper, s'il plaît à Dieu
d'exaucer nos prières, de gracieuses
figures d'enfants, qui seront comme les
anges de votre foyer et recevront, à leur
tour, la mission qui vous est confiée aujourd'hui.

Il y a bien des siècles, Monsieur, que

votre nom est inscrit en lettres d'or dans nos annales. Vos illustres ancêtres ont servi leur pays avec une rare intelligence et un dévouement sans bornes. Pendant que les uns, négociateurs habiles, gardiens des secrets de l'Etat, parcouraient d'un pas sage et réfléchi les dédales de la diplomatie, les autres faisaient éclater leur bravoure et versaient leur sang sur les champs de bataille. Deux carrières s'ouvraient donc naturellement devant vous. Vous avez choisi de marcher sans peur et sans reproche sur les traces des Bayards des temps anciens et des temps modernes. Courage ! Monsieur. Vous prendrez rang auprès des grands capitaines de votre maison. Heureusement pour la France, l'armée compte parmi ses chefs de nombreux officiers de votre caractère. Madame votre mère a raison de s'enorgueillir de ses enfants, qui, dociles à sa direction et bénéficiant de ses vertus, ont si parfaitement justifié ses espérances. Non content de payer votre tribut à la patrie, vous n'avez point oublié de rendre à Dieu ce qui est à Dieu, et vous entendez bien vous montrer chrétien et français toujours.

A ces titres, Monsieur, vous méritiez d'être remarqué par l'aimable jeune fille qui voulait donner sa main et son cœur à un homme animé de ses sentiments et partageant ses convictions pratiques.

Mademoiselle, lorsque la divine Providence eut écarté d'une main compatissante le crêpe funèbre qui voilait votre berceau, vous reçûtes aussitôt les douces caresses d'une seconde mère, dont l'affectueuse sollicitude ne s'est pas démentie un instant. Pour vous former à son image, elle vous a ouvert les trésors de son esprit élevé, de son cœur généreux, de son âme chrétienne. Vous avez grandi en âge, en piété, en savoir, en distinction. Vous serez, vous aussi, la femme forte dont vous avez vu le portrait dans nos Livres saints.

Je connais le toit hospitalier sous lequel vous teniez une si large place, à côté de vos gentilles petites sœurs, qui ne manqueront pas d'imiter votre respect, votre obéissance et votre tendresse envers vos parents. Nous vous avons vue passer trop rapidement, sympathique, édifiante et secourable. La charité et les autres vertus héréditaires dans votre famille vous ont fait de vrais amis ,comme à votre père, qui jouit chez nous d'une si légitime considération. Leur reconnaissance vous suivra partout. Ils seront désireux de vous revoir, portant avec la même modestie la double couronne d'épouse et de mère.

Ah! n'oubliez pas notre bon pays de Bretagne. S'il est, par comparaison, pauvre

des biens de la terre, il est riche des béné-
dictions du ciel. Il a gardé l'honneur, grâce
à ses vigoureuses croyances, à ses vieilles
coutumes, à ses saintes pratiques. Si vous
entendiez révoquer en doute la vivacité de
notre foi et la sincérité de notre patrio-
tisme, vous sauriez protester énergique-
ment avec connaissance de cause. Jugez,
diriez-vous, de cette catholique province,
par les hommes d'élite qui la représentent
dans nos assemblées délibérantes, par ses
soldats et ses marins, qui défendent avec
une héroïque émulation le drapeau natio-
nal. Ses prêtres, ses religieux et ses reli-
gieuses ont aussi le cœur assez haut placé
pour répondre à ceux qui les méconnais-
sent et les persécutent : « Pour moi, je
donnerai très volontiers tout ce que je pos-
sède, et je me donnerai moi-même pour le
salut de vos âmes, quoique, plus je vous
aime, moins je sois aimé de vous. »

Au milieu des justes hommages qui vous seront rendus ailleurs, souvenez-vous donc de l'attachement profond que nous vous avons voué. Ne perdez jamais de vue la terre ferme de la fidélité bretonne. Revenez souvent respirer le parfum de nos bruyères et de nos genêts sauvages, fleurs simples mais sans épines. Oui, revenez rêver à l'infini dans la jolie chapelle et sous les vieux chênes de Kerguéhennec, non loin de notre vaste océan. Revenez, revenez aux pieds de sainte Anne, dans cette splendide basilique bâtie à la gloire de notre puissante patronne ; vous et les vôtres avez droit d'y trouver place ; de ferventes prières y sont adressées aujourd'hui pour vous à la *Consolatrice des époux*.

Hélas ! il ne faut pas se faire illusion. Personne ici-bas n'échappe à des épreuves plus ou moins cruelles. Tôt ou tard, la main du malheur s'appesantit sur nous.

Le sacrifice est la loi commune. Les peines morales sont plus difficiles à supporter que les souffrances physiques, la pauvreté, la misère, la mort même, qui est, pour le chrétien, l'heure de la délivrance.

Heureux époux! vous saurez vous comprendre, vous aimer, vous prévenir, vous assister, dans la joie et dans la tristesse. Pensez-y bien! Celui qui a fait notre cœur est seul capable d'en régler les mouvements, d'en satisfaire les aspirations, d'en panser les blessures.... L'observation des commandements de Dieu et de l'Eglise, le culte des traditions de vos aïeux, le respect, l'estime, la confiance que vous ne cesserez point de vous témoigner, seront les conditions du bonheur que nous vous souhaitons.

Donnez-vous donc l'un à l'autre, sans réserve et sans partage : contractez ainsi

librement une union intime, indissoluble,
au pied de cet autel, en présence de princes
magnanimes, d'hommes éminents, la
gloire et l'espoir de la France, sous les
regards attendris de tous ceux qui vous
aiment, y compris les êtres chéris dont
vous regrettez l'absence, et qui, d'un
monde meilleur, vous contemplent et vous
bénissent.

10148. — Paris. Imprimerie F. Levé, rue Cassette, 17.